세상에 물결을 일으켜라

## Making Ripples
by Mike Breaux

Copyright ⓒ 2006 by Mike Breaux
Originally published in English under the title Making Ripples
by Willow Creek Association
P.O. Box 3188, Barrington, IL 60011-3188, U.S.A.
All rights reserved.

Korean Edition Copyright ⓒ 2009 by Timothy Publishing House Inc., Seoul,
Republic of Korea.
Translated and used by permission of Willow Creek Association.

본 저작물의 한국어판 저작권은 Willow Creek Association과 독점 계약한
㈜ 도서출판 디모데에 있습니다. 신 저작권법에 의하여 한국 내에서 보호받는 저작물이므로
무단전재와 무단복제를 금합니다.

* 본문 성경은 한글개역개정을 사용하였습니다.

내가 영원히 사랑하고 고마워할 아내
데비<sup>Debbie</sup>에게 이 책을 바칩니다.

| 차례 |

9     들어가는 글

16    우리는 이 세상에 우연히 태어난 것일까?

24    곤경에 빠지다… 헤어날 수 없다

30    창조주의 손길

36    '아무려면 어때'의 사람에서
        '어디든지'의 사람으로

44 하나님의 음성 듣기

54 매일 똑같은 삶을 산다는 것

60 다르게 살라, 바로 지금!

70 세상에 물결을 일으켜라

94 퍼져나가는 물결

MAKING

RIPPLES

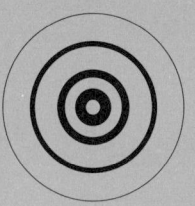

| 들어가는 글 |

맞다 … 인정한다. 내게 예술가의 기질이 있다. 트럭을 운전하고, 개를 좋아하며, 대머리에다 쇠약해진 이 늙은 운동 선수의 외모 속에 예술가의 마음이 들어 있다. 여러 가지 예술적 능력이 내게 있기 때문이 아니라 예술이 나를 감동시키기 때문이다. 그림, 춤, 연극, 시, 건축 양식. 내 속 깊은 곳에 있는 무언가가 이런 독창성을 가진 것들에 반응을 보인다.

모든 예술 형태 중 음악과 영화가 나를 가장 감동시킨다. 잊혀지지 않는 멜로디들과 창의적인 가락들과 빈틈없는 화음들이 내 마음을 사로잡는다. 그리고 나는 마음을 감동시키는 이야기들을 - 듣고 또 듣고 싶은 이야기들을 - 들려주는 노래들을 좋아한다. 아마도 그 때문에 내가 컨트리 뮤직 팬인지도 모르겠다. (당신이 무슨 말을 하려는지 안다. 내게 예술가의 기질이 있다는 것을 당신에게 납득시키기 위해 최선을 다하고 있다는 사실과 컨트리 뮤직의 조화가 이상하게 느껴지리라는 것을 말이다.) 나는 또 잘 다듬어진 문장과 마음을 나누는 진지한 대화에 열중하는 사람이기도 하다. 사실, 나는 좋은 영화를 관람하기보다는 그 영화 속으로 들어간다. 감정적으로 그 영화에 열중할 수 있다고 말하는 것으로는 충분하지 않다.

훌륭한 대본과 사진술과 연기와 연출과 음향과 줄거리들이 멋진 조화를 이룬 영화는 나를 울게 만든다. 영화 〈뷰티플 마인드 A Beautiful Mind〉를 보고 나는 내 자신을 가눌 수 없었다. 우리 아버지는 정신병과 씨름했던 재기가 뛰어난 분이셨다. 그래서 영화가 상영되는 동안 나는 영화관 뒷좌석에 얼어붙은 듯이 앉아 아버지를 그리워하는 어린아이처럼 흐느껴 울었다.

영화 〈후지어 Hoosiers〉를 보면서 지미가 링 안으로 공을 던져 넣으며 경기를 역전시키는 순간 나도 모르게 소리를 질렀다. 그러나 〈머나먼 여정 Homeward Bound〉을 보는 동안에는 그런 흥분을 잃었다. (개 이야기는 내 마음을 찢어지게 한다.) 〈쉰들러 리스트 Schindler's List〉와 〈호텔 르완다 Hotel Rwanda〉는 하나님이 내게 서서히 주입시켜주신 정의감을 자극했고, 얼굴에 흘러내리는 눈물을 닦으며 여러 가지 생각을 하게 만들었다.

믿거나 말거나 나는 〈덤 앤 더머 Dumb and Dumber〉를 보면서도 울었다. 〈몬티 파이톤과 성배 Monty Python and the Holy Grail〉를 보면서도 울었고, 〈토미 보이 Tommy Boy〉와 〈나폴레옹 다이너마이트 Napoleon Dynamite〉를 보면서도 울었다. 그런 영화들은 너무 엉뚱하고 웃겨서 웃음을 참을 수 없었기 때문에 눈물이 줄줄 흘렀다.

당신은 어떤가? 당신이 좋아하는 영화는 어떤 영화인가? 〈바람과 함께 사라지다〉? 〈벤허〉? 〈시민 케인〉? 〈대부〉? 〈니모를 찾아서〉? 〈꿈의 구장〉? 〈크래쉬〉? 〈펭귄의 위대한 모험〉? 가장 좋아하는 영화를 굳이 하나 고르라면 당신은 어떤 영화를 고르겠는가?

쉽지 않을 것이다. 그렇지 않은가? 내 마음은 〈브레이브 하트 Braveheart〉로부터 시작해서(나는 얼굴에 파란색 칠을 하고 킬트를 입고 스코틀랜드를 위해 싸울 준비가 되어 있다!) 〈도망자 The Fugitive〉에 이르기까지 빠른 속도로 달려간다. (연방 보안관 제라드가 지하 터널을 따라 리처드 킴블을 추격하는 동안 당신의 가슴도 방망이질을 쳤을 것이다.) 나는 〈프린세스 브라이드 The Princess Bride〉라는 별 보잘것없는 영화와 밥 월리 역을 맡은 빌 머레이 Bill Murray가 휴가를 보내고 있는 정신과 의사의 집을 찾아가 그 집에서 떠나려고 하지 않는 희한한 영화 〈밥에게 무슨 일이 생겼나? What About Bob?〉와 같은 영화들을 좋아한다.

그러나 가장 좋아하는 영화를 고르라고 한다면, 내가 분명하게 말할 수 있는 영화가 하나 있다. 물론 내가 그 영화의 작품성 전체를 다 보증할 수는 없을 것이다. 그러나 그 영화를 본 후 나는 '가장 창의적이고, 편집을 잘했으며, 영리하고, 시사하는 바가 많으며, 감정적으로 마음을 끌어당기고, 내가 본 영화 중에서 배우의 연기력이 가장 뛰어난 영화였다' 라는 생각을 하며 극장에서 걸어나왔다.

내가 그저 그 영화의 예술성에 감탄하거나, 즐겁게 본 것만으로 그친 것이 아니었다. 매우 심오한 것들을 – 정확하게 말해서 세 가지를 – 배울 수 있었다. 그 첫 번째는 "인생은 초콜릿 상자와 같아서 그 속에서 어떤 것을 고르게 될지 아무도 알 수 없다"는 것이었다. 우리가 살아가는 모든 순간이 다 크림으로 채워져 있는 것은 아니다. 그렇지 않은가? 나는 또 '어리석은 사람은 어리석게 행동하기 때문에 어리석은 것'이며, 그 어리석음은 지능 지수와는 아무 관계가 없고, 대신 분별력과 의사 결정

"인생은 초콜릿 상자와 같아서
그 속에서 어떤 것을 고르게 될지
아무도 알 수 없다."

능력과 약속을 지키려는 성향과 밀접하게 연관되어 있다는 사실을 알게 되었다. 그리고 내가 배운 세 번째 교훈은 세미나 강사이며 커뮤니케이터인 내게 특별히 중요한 것이었다. 그것은 바로 내가 전하려는 메시지의 결론을 내리기 위해 더 이상 힘들게 애쓰지 않아도 된다는 것이었다. 그 사실을 깨달은 이후 나는 그저 "이것이 내가 말할 수 있는 전부입니다"라는 말로 이야기를 마칠 수 있게 되었다.

〈포레스트 검프 Forrest Gump〉는 내 마음을 사로잡고 내 삶에 대해 많은 생각을 하게 만들었던 영화 가운데 하나다. 어떤 일이 있어도 나는 내가 한 말을 지키는가? 내 주위에 있는 사람들을 조건 없이 사랑하고 있는가? 어떤 피부색을 가졌건, 어떤 인종이건, 어떤 지위에 있건, 또 학식이 있건 무지하건 간에 나는 모든 사람을 존중하는가? "나는 무슨 일이든 척척 해내는 영리한 사람은 아니지만, 사랑이 무엇인지는 알고 있다"라고 자신 있게 말할 수 있는 삶을 살아가고 있는가?

〈포레스트 검프〉의 마지막에 나오는 매혹적인 장면이 있다. 포레스트의 아내 제니는 사는 동안 현명하지 못한 선택을 많이 했고, 서른다섯 살에 세상을 떠났다. 포레스트는 그녀의 무덤 옆에 서서 그녀에게 "당신은 토요일 아침에 숨을 거두었어요. 그리고 여기 우리 나무 아래 당신을 묻었어요"라고 말한다. 그리고 그는 자신에게 어떤 일들이 일어나고 있는지, 그들의 어린 아들 포레스트가 어떻게 지내고 있는지 그리고 자신이 아내를 얼마나 그리워하고 있는지를 이야기한다.

그런 다음 그는 자신의 삶을 돌아보며 내게 깊은 감화를 주었던 질문을 곰곰이 생각한다. 그는 자기 엄마나 자기 친구였던 댄 중위가 어떻게 되었는지를 궁금해한다. 그리고 이렇게 묻는다. "우리에게 운명이 있는 것인가? 아니면 우리는 모두 우연처럼, 바람 부는 대로 떠다니는 깃털처럼 아무렇게나 떠돌아다니는 인생인 것인가?" 나는 그가 그렇게 말하는 것을 들으며 "그것이 바로 이 땅 위에서 살고 있는 우리 모두가 붙잡고 씨름해야 하는 질문이다"라고 생각했다.

# Making Ripples

 우리는　　　이 세상에
　　　　우연히　　태어난 것일까?

우리가 그저 우연처럼 이 세상에 태어난 것이라면 – 아무것도 정해진 것이 없다면, 목적도 진리도 규정도 옳고 그른 짓도 없다면 – 그렇다면 온갖 종류의 '아무래도 괜찮다'가 될 수 있다. 그렇지 않은가?

MAKING

RIPPLES

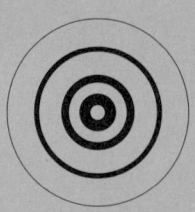

우리 사회를 돌아보면 나는 우리가 우연히 생겨났고, 우리의 인생은 바람 부는 대로 떠다니는 깃털처럼 그저 아무렇게나 떠돌아다니는 것이라고 정말로 믿고 있는 사람들을 많이 보게 된다. 나도 한때 그렇게 생각했었다. 그리고 그렇게 떠돌아다녔다. 나는 사람들이 왜 그런 생각을 받아들이고 있는지 이해할 수 있다. 오늘날 우리는 아주 어릴 때부터 우리가 무에서 나와 무로 돌아간다고 배우기 때문이다. 따라서 그 둘 사이에 있는 모든 것은 근본적으로 아무것도 아닌 것이다.

정말 그렇다면 우리 존재와 하나님과의 관계는 아무것도 없는 것이다. 다시 말해서 우리 삶에는 아무 목적도 없는 것이다. 그리고 목적이 없다면 진리도 없다. 진리가 없다면 옳은 것도 없고, 그른 것도 없다. 단지 우리 모두는 우연히 생겨나 평생 바람 부는 대로 그저 떠돌아다니는 것뿐이다. 우리가 사는 대로 기준들을 만드는 것뿐이다.

나는 '토크쇼 이야기'가 우리 문화의 틀을 만들고 있다는 척 콜슨 Chuck Colson 의 주장에 동의한다. 토크쇼를 시청해본 적이 있는가? 음악이나 영화와는 달리 토크쇼가 나를 감동시키는 경우는 거의 없다. 그 이유는 토크쇼들이 다루는 주제가 대개 거기서 거기이기 때문일 수도 있을 것이다. 어느 날 아침 독감에 걸린 나는 집에서 쉬면서 내가 가장 좋아하는 프로그램인 〈정의의 가치 The Price is Right〉가 방영되는 곳을 찾으려고 채널을 돌리던 중 한 토크쇼가 내 주의를 끌었다. 무대 위에는 한 여자가 다섯 명의 남자들과 함께 반원 모양으로 앉아 있었다. 그리고 그녀와 관련된 특별한 주제를 시청자들에게 알려주기 위해 파란색으로 된 자막이 화면 위에 나타났다. 그 자막은 그녀가 자기 남편의 다섯 형제 모두와 정사를 벌였다는 내용이었다. 나는 속으로 '워!' 라고 외치며 눈썹을 치켜올렸다.

그러나 그게 다가 아니었다. 진행자가 방청객들 쪽으로 가더니 자리에서 일어나 서 있는 남자에게 마이크를 주면서 "아무려면 어떻겠어요? 형제들이 아무렇지 않게 생각한다면 그리고 남편이 아무렇지 않게 생각하고, 아내가 아무렇지 않게 생각한다면 당신도 한번 해보면 어떨까 싶네요!"라고 말했다. 방청객들이 박수갈채를 하며 환호했다. 나는 미간의 주름을 펴지 못한 채 여전히 '워!' 라고 외쳤다.

'토크쇼 이야기!', '아무려면 어때요!' 사회학자들이 이 세대를 '아무래도 괜찮은 세대 Whatever Generation'라고 부르는 것도 그리 이상한 일이 아니다. 이해할 수는 있다. 우리가 그저 우연처럼 이 세상에 태어난 것이라면 – 아무것도 정해진 것이 없다면, 목적도 진리도 규정도 옳고 그른 것도 없다면 – 그렇다면 온갖 종류의 '아무래도 괜찮다'가 될 수 있다. 그렇지 않은가?

미국 고등학생들을 대상으로 한 최근 설문 조사에서 그들 중 80퍼센트 가량이 절대적인 진리 같은 것이 있다고 믿지 않는다는 대답에 나는 그리 놀라지 않았다. 그렇게 생각하는 그들에게는 절대적으로 옳은 것도, 절대적으로 그른 것도 없다. 자신이 처한 상황에서 진리로 필요한 것이 무엇이든지 간에 그것이 있으면 그저 그만인 것이다. 그 학생들의 67퍼센트는 시험에서 적당하게 커닝을 한다고 대답했다. 그리고 66퍼센트는 정기적으로 술을 마신다고 대답했고, 56퍼센트는 종종 가게 물건을 훔친다고 대답했다.

그 학생들 중 한 아이가 고등학교에 다니는 우리 딸 조디Jodi에게 "확인할 게 있는데, 너도 그 뭐라더라? 열여덟 살 이상 될 때까지 섹스를 할 수 없는 그 크리스천이라는 사람들 중의 하나라며? 그런 거야?"라고 물었다. 조디는 "그래, 맞아. 섹스는 결혼한 사람들을 위해 하나님이 계획하신 거야"라고 대답했다. 그러자 그 아이는 어깨를 들썩이며 "아무려면 어때"라고 말했다. 미국 사법 통계국 웹사이트\*에 잠시 들어가보라. 나도 얼마 전에 들어가 폭력 범죄에 관한 몇 가지 내용들을 살펴보았다. 좋은 소식: 미국의 폭력 범죄 발생률이 1994년부터 2003년까지 꾸준히 감소했다. 2005년 한 해 동안 일어난 범죄 사건은 5,341,410건으로 그 어느 때보다 줄어들었다. (덧붙여 말하자면 그 범죄들의 29퍼센트는 '아무려면 어때'를 보여주는 또 다른 추세라 할 수 있는 마약이나 알코올 중독의 여파로 발생한 것이다.) 그러나 그것은 성인들의 경우이고, 12–15세 사이 청소년들의 경우에는 폭력 범죄가 과거 20년 동안 156퍼센트나 급등했다.

그 숫자는 위험한 추세를 우리에게 경고할 뿐 아니라, 우리 사회를 가득 메우고 있는 온갖 무관심이 어떻게 훨씬 더 무정한 데까지 미끄러져 떨어질 수 있는지를 보여준다. 폭력단의 일원이었던 16살짜리 소년이 살인죄로 기소되었을 때 그 아이의 동

\*http://www.ojp.usdoj.gov/bjs

지들은 판사가 그들의 친구에 대한 보석금을 너무 높이 정했다며 격노했다는 소식을 들었다. 그들은 법정 휴게실에서 "뭐 그리 큰일이라고 이러는 건지 모르겠어. 사람들이 매일 죽고 있잖아"라고 말했다고 한다.

범죄만이 그런 사고방식으로 인해 나타나는 유일한 결과가 아니다. 한 주 동안의 방학을 축하하면서 무절제하게 성행위를 일삼는 학생들을 상세하게 보도한 〈봄방학 Spring Break〉이라는 제목의 MTV 프로그램을 본 적이 있는가? 부모라면 그것을 보고 아득해지는 느낌이었을 것이다. 특히 TV 방영을 위해 골라 편집된 내용이 그 정도라는 사실을 기억할 때 더욱 그럴 것이다. 제아무리 인기를 얻고 있다 해도 아이들이 그런 봄방학 행선지로 보호자 없이 가는 것을 허락하는 것은 술잔치와 성적 접촉으로 감염되는 질병들과 온갖 잡동사니들을 포함해 '아무려면 어때'라는 사고방식 속으로 그들을 밀어넣는 것과 같다. 물론 우리가 그저 우연히 생겨나서 바람 부는 대로 떠다니는 깃털처럼 아무렇게나 떠돌아다니는 존재일 뿐이라면 사실 그런 일들도 큰 문제가 되지 않을 것이다. 그렇지 않은가?

# Making Ripples

## 곤경에 빠지다…
## 헤어날 수 없다

원한다면 우리는 모든 것이 그저 우연인 것처럼 아무렇게나 떠돌아다니며 살 수 있다. 그러나 그런 생활 방식이 초래하는 결과들로부터 벗어날 수는 없다.

MAKING RIPPLES

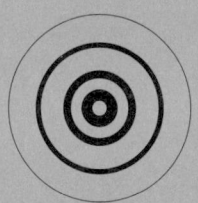

원한다면 우리는 모든 것이 그저 우연인 것처럼 아무렇게나 떠돌아다니며 살 수 있다. 그러나 그런 생활 방식이 초래하는 결과들로부터 벗어날 수는 없다. "그들이 바람을 심고 광풍을 거둘 것"*이라는 성경 말씀은 정말 맞는 말인 듯하다. 사실, '아무려면 어때'라는 생존 방식에는 상당히 예측할 수 있는 결과가 따른다. 내 삶에서는 확실히 그랬다.

때때로 사람들에게 일어난 너무나 참혹한 결과 때문에 내 마음이 찢어지곤 한다. 몇 년 전 알래스카에서 열린 한 세미나의 강사로 초청되었을 때 모임을 주최한 사람이 내게 케나이 반도를 구경시켜주었다. 해안을 따라 차를 몰고 가는 동안 나는 그 아름다운 검은 해변가에 세워진 커다란 경고판을 보게 되었다. 나는 "해변이 아름다워 보이는데 왜 저렇게 출입 금지 표시를 해둔 거죠?"라고 물었다.

그는 "아, 저 해변은 빙하 작용으로 만들어진 가는 모래로 되어 있어요. 저 해변에는 절대 들어가면 안 돼요. 저기 들어가면 모래에 빠져들어가서 나올 수가 없어요. 그래서 사람들을 들어가지 못하게 하려고 저렇게 큰 경고판을 세워놓은 거예요"라고 말했다.

* 호세아 8:7

그리고 그는 내게 비극적인 이야기를 들려주었다. 신혼여행 중이었던 신랑 신부가 ATV 사륜 오토바이를 빌려 즐거운 시간을 보내며 이곳저곳을 돌아다녔다. 그런데 신부가 경고판을 무시하고 그 해변 모래 속으로 오토바이를 몰고 들어갔다. 그런 다음 오토바이 위에서 뛰어내렸다. 모래가 무릎까지 차올랐다. 처음에 신랑은 그저 웃으며 재미있어했다. 그러나 도로를 지나가던 사람들이 다급하게 손을 흔들며 나오라고 소리를 질렀을 때 더 이상 웃을 수 없었다. 사람들이 돕기 위해 달려왔다.

조수가 밀려들었지만 그녀는 빠져나올 수가 없었다. 빙하로 만들어진 그 가는 모래들이 그녀의 허벅다리까지 덮어버렸기 때문이었다. 소방대원들이 도착했고, 그녀를 끌어내기 위해 압축 호스를 사용했다. 그러나 소용이 없었다. 물은 점점 더 밀려들었고 모래가 그녀의 허리까지 차올랐다.

그들은 그녀를 끌어올리기 위해 헬리콥터까지 동원했다. 그러나 그 노력도 실패로 끝나고 말았다. 필사적인 그들의 수고에도 불구하고 그들은 조수가 밀려오는 동안 불쌍한 그 여인을 구할 수 없었다.

"그들이 바람을 심고 광풍을 거둘 것"이라는
성경 말씀은 정말 맞는 말인 듯하다.
사실, '아무려면 어때'라는 생존 방식에는
상당히 예측할 수 있는 결과가 따른다.

# Making Ripples

# 창조주의 손길

당신은 하나님의 걸작품이다! 하나님은 당신이 얼마나 경이적으로 창조되었는지를 온 세상이 볼 수 있도록 세상이라는 화랑에 당신을 전시하고 싶어하신다.

M
A
K
I
N
G

R
I
P
P
L
E
S

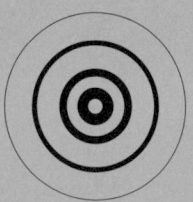

나는 수많은 사람들이 영적으로 그리고 감정적으로 그렇게 꼼짝달싹할 수 없는 곤경에 빠진 채 살아가고 있다는 사실을 잘 알고 있다. 그들은 하나님이 세워두신 사랑의 경고판과 하나님이 정하신 경계를 무시한 채, 마치 우리 모두 우연히 생겨나 바람 부는 대로 떠다니는 깃털과 같은 존재들이라고 여기며 살아왔기 때문에 그렇게 깊은 절망 가운데로 빠져들어가고 있는 것이다. 당신도 그런 상황에 처해 있는 사람을 알고 있는가? 어쩌면 "내가 바로 그 사람이에요. 너무 공허해요. 나는 어디로 가고 있는 걸까요? 너무 절망적이고… 뭘 어떻게 해야 할지 아무것도 모르겠어요"라고 생각하고 있을지도 모르겠다.

그렇다면 당신이 지금 서 있는 그곳에 서 있었던 누군가가 당신에게 좋은 소식을 알려줄 수 있도록 허락해주겠는가? 그 절망과 어두움에서 당신을 구해주실 수 있는 하나님이 계시다! 그분은 당신이 원하기만 한다면 그 어떤 것으로부터도 그리고 그 어느 곳으로부터도 당신을 끌어내주실 수 있는 힘이 있으시다. 그리고 믿을 수 없을 만큼 당신을 사랑하신다. 그분은 당신에게 가야 할 길을 보여주시고, 삶의 목적을 알려주고 싶어하신다. 그분은 "아무려면 어때"라고 말씀하는 분이 아니시다. 그분은 창조주이시고, 당신에게 사랑을 부어주시며, 당신을 이끌어주고 싶어하신다.

하나님이 당신에 대해 어떻게 말씀하시는지를 보라. "여호와의 말씀이니라 너희를 향한 나의 생각을 내가 아나니 평안이요 재앙이 아니니라 너희에게 미래와 희망을 주는 것이니라" 렘 29:11. 이 말씀은 "아무려면 어때"라고 말하는 삶의 방식을 보여주는 것 같지 않다! 오히려 우리의 삶을 향한 놀라운 계획들을 가지고 계신 사랑 많으신 하나님이 우리에게 계시다는 사실을 보여주고 있다.

또 "창세 전에 그리스도 안에서 우리를 택하사 우리로 사랑 안에서 그 앞에 거룩하고 흠이 없게 하시려고"라고 기록된 에베소서 1장 4절 말씀을 보라. 우리 창조주 하나님은 모든 피조물 중에서 그 무엇보다 먼저 – 별이나 구름이나 산이나 강이나 기린보다 먼저 – 우리를 마음에 품고 계셨다. 나는 이 사실이 너무나 놀랍고 멋지다! 우리가 '하나님의 사랑의 핵심'이다! 이 사실이 당신에게는 '아무려면 어때' 식으로 살아가는 삶처럼 들리는가?

한 구절 더 확인해보라. "우리는 그가 만드신 바라 그리스도 예수 안에서 선한 일을 위하여 지으심을 받은 자니 이 일은 하나님이 전에 예비하사 우리로 그 가운데서 행하게 하려 하심이니라" 엡 2:10. 당신은 하나님의 걸작품이다! 하나님은 당신이 얼마나 경이적으로 창조되었는지를 온 세상이 볼 수 있도록 세상이라는 화랑에 당신을 전시하고 싶어하신다. 하나님은 당신을 조각하시고, 빚으시며, 이 세상에 꼭 필요한 사람으로 독특하게 만드셨다. 하나님은 당신의 삶을 향한 선한 계획을 가지고 계신다.

한 말씀만 더 보기로 하자. "너희 안에서 착한 일을 시작하신 이가 그리스도 예수의 날까지 이루실 줄을 우리는 확신하노라" 빌 1:6. 이 말씀도 '아무려면 어때' 식으로 살아가는 삶을 증명하는 것처럼 들리지 않는다. 내게는 우리 속에서 착한 일을 하시려고 우리 삶으로 들어오고 싶어하시는 하나님이 계시다고 말하는 것처럼 들린다. 그리고 하나님은 우리를 계속 변화시키시고, 우리를 향한 하나님의 계획이 다 이루어질 때까지 그 계획을 펼쳐나가실 것이라고 말하는 것처럼 들린다.

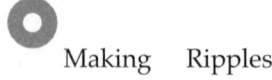
# Making Ripples

 # '아무려면 어때'의 사람에서
## '어디든지'의 사람으로

"하나님, 더 이상 이렇게 살고 싶지 않습니다.
하나님, 포기하고 싶습니다.
하나님, 제 삶을 인도해주십시오."

M
A
K
I
N
G

R
I
P
P
L
E
S

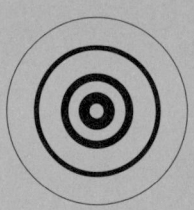

열아홉 살 때 나는 '그저 떠돌아다니는' 그런 사람 가운데 하나였다. 아, 나는 교회에 다녔었다. 그러나 하나님을 몰랐던 것이 분명하다. 그리고 하나님이 내 삶을 이끄실 수 있도록 허락해드리는 일에도 전혀 관심이 없었다. 나는 내가 하나님과 개인적으로 사귈 수 있다고는 꿈에도 생각하지 못했다. 그저 교회에 다니면서 종교놀이를 하고 있었다. 나는 불안했고, 이기적이었으며, 위선자였다. 교회 친구들에게는 진짜 종교적인 사람이라는 인상을 주려 했고, 다른 친구들에게는 종교와는 관계없는 멋있는 사람이라는 인상을 주려 노력했다. 나는 '어리석은 사람은 어리석게 행동하기 때문에 어리석은 것'이라는 말을 제대로 보여주는 전형이었지만, 그때까지 그 사실을 알지 못하고 있었다.

이중적인 삶을 살려 시도해보았다면, 그렇게 산다는 것이 얼마나 피곤한 일이 될 수 있는지를 아마 잘 알고 있을 것이다. 그리고 시간이 지날수록 창의적으로 거짓말을 하기가 점점 더 힘들어진다. 그렇지 않은가? 성경은 정직하지 못한 길을 걷는 사람은 결국 드러날 것이라고 말한다. 정말 맞는 말이다! 정직하지 못한 길을 가면서 어떻게 당신의 자취를 감출 수 있겠는가? 내 삶이 – 내 삶에 대한 내 거짓말이 – 폭로되기 시작했고, 나는 더 나은 길이 있다는 것을 알게 되었다.

그 무렵 나는 데비Debbie라는 소녀에게 관심을 갖게 되었다. 그녀를 어떻게 묘사할 수 있을지 모르겠다. 아, "얼얼하다"라는 말이 제일 적합할 것이다! 그녀는 아주 귀엽고 재미있고 솔직했다. 그리고 그런 '솔직함'이 나처럼 지칠 대로 지친 거짓말쟁이에게는 특별히 더욱 신선했다. 그때까지 나는 하나님을 순수하게 사랑하고, 하나님을 정말 잘 알고 있는 것처럼 그렇게 살아가는 사람을 보지 못했었다. 그런데 데비가 그랬다.

그녀는 잘 웃었다. 사람들에게 좋은 인상을 주려는 노력 같은 것은 전혀 하지 않았다. 그리고 언제나 안정된 모습이었다. 나는 "하나님, 저도 그녀처럼 살고 싶습니다. 그리고 아… 그게 가능한 일이라면 그녀를 좋아하고 싶습니다"라고 기도했다.

우리 교회는 미네소타 북부에서 일주일 간의 긴 수련회를 계획하고 있었고, 친구들이 함께 가자고 했다. 나는 데비도 가는지 물어보았다. 데비가 간다는 것을 알게 된 나는 함께 가기로 했다. 나는 일주일 내내 데비를 따라다니기로 마음먹었다. 그러나 나는 하나님이 나를 추격하시리라는 것은 전혀 모르고 있었다.

그 한 주 동안 하나님이 내 마음을 사로잡으셨다. 내 마음의 스크랩북 속에 '그림으로 새겨진 순간들'이 - 내가 결코 잊지 못할 선명한 사진들이 - 한 묶음 남게 되었다. 그 사진들 가운데 한 장은 내가 수정처럼 맑고 더할 나위 없이 고요한 호수를 둘러싸고 있는 둑 위에 홀로 앉아 있었던 금요일 밤에 찍은 것이다. 별들과 캠프파이어와 모기들을(미네소타를 대표하는 새!) 기억할 수 있다. 그리고 내게 너무나 생생했던 하나님을 기억할 수 있다. 다른 사람들은 모두 숙소로 돌아갔고, 나는 혼자 앉아 울고 있었다. 그때 내가 이상한 행동을 했다. 두 손을 하나님께 들어올렸던 것이다. 그것은 보통 일이 아니었다. 내가 자란 교회에서 당신이 그런 행동을 한다면, 사람들은 "왜 그래요? 무슨 질문이 있나요?"라고 물을 것이다.

그러나 그날 밤 그것은 항복을 뜻하는 본능적인 행동이었다. 지치고 텅 비고 깨진 십대 청년이 마침내 하나님을 마주 대하려는 노력으로, 그리고 그 마음속으로 몰려드는 하나님의 사랑을 느끼기 위해 두 팔을 벌린 것이다.

나는 기도했다. "하나님, 더 이상 이렇게 살고 싶지 않습니다. 하나님, 포기하고 싶습니다. 지금 제 삶을 하나님께 드립니다. 제 삶을 하나님의 손에 넘겨드립니다. 이중적인 삶을 사는 것에 지쳤습니다. 제게 하나님의 용서가 필요합니다. 하나님, 제 삶을 인도해주십시오. 하나님이 이 땅에서 저를 어느 곳으로 데려가시든 저는 그곳으로 따라갈 것입니다. 오늘 밤 그렇게 하기로 다짐합니다."

그날 밤 나는 '아무려면 어때'의 사람에서 '어디든지'의 사람으로 바뀌게 되었다고 고백할 수 있다. 예수 그리스도께 내 삶을 인도해주시기를 요청한 후 내 삶이 어떻게 되었는지는 말로 다 할 수 없다. 쉬워졌을까? 결코 아니다. 아무 문제없이, 아무 고통 없이 살게 되었을까? 전혀 그렇지 않았다. 그러나 모험과 열정과 우여곡절과 변화된 생활과 늘 변화하는 마음으로 가득 찬 삶을 살게 되었다. 내 삶을 하나님의 손에 맡기는 것은 말로 할 수 없을 만큼 신나는 일이다! 나는 하나님이 나보다 현명하고 지혜롭고 강하시다는 사실을 알게 되었다. 하나님은 위에서 다

내려다보실 수 있는 넓은 시야를 가진 분이시다. 그리고 예측할 수 없는 놀라운 방법으로 나를 사랑하신다.

Making   Ripples

# 하나님의 음성 듣기

우리 삶을 향한 하나님의 계획을 발견하는 것은 '하나님의 뜻을 찾는 것' 보다는 하나님의 목소리를 따르는 것과 더 밀접한 관계가 있다.

MAKING

RIPPLES

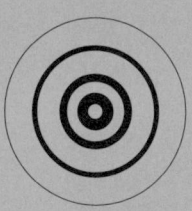

나는 또 우리 삶을 향한 하나님의 계획을 발견하는 것은 '하나님의 뜻을 찾는 것' 보다는 하나님의 목소리를 따르는 것과 더 밀접한 관계가 있다는 것을 알게 되었다. 종종 우리는 청사진을 – 우리 운명의 상세도를 – 알고 싶어한다. 나는 하나님이 그분의 말씀을 통해 우리를 향한 하나님의 전반적인 계획을 알려주시는 반면, 또 우리가 귀를 기울이기만 한다면 하나님이 날마다 우리를 인도해주신다는 것도 알게 되었다. 하나님은 우리가 항상 착한 일과 친절한 일과 옳은 일과 정직한 일과 용감한 일을 하도록 우리를 격려해주신다.

그런 격려를 느껴본 적이 있는가? 어쩌면 당신은 힘든 시기를 보내고 있는 친구와 통화하기 위해 전화기를 들도록 격려하시는 하나님을, 또는 주위를 돌아보고 금방 지나쳐온 노숙자에게 샌드위치를 사다주도록 촉구하시는 하나님을 경험해보았을 것이다. 나는 내 마음속 깊은 곳에서 울려 퍼지며 나를 인도하시는 하나님의 다양한 음성들을 들었다. "저런 일은 하지 마라, 그곳에 가지 마라, 그것을 그냥 주라, 그녀에게 카드를 보내라, 그 친구의 사무실에 잠깐 들러라, 어머니를 용서해라." 그리고 나는 그런 성령의 격려에 우리가 순종할 때 하나님은 우리의 삶을 향한 그분의 계획을 펼쳐 보여주기 시작하신다고 믿는다.

열아홉 살의 대학 신입생으로서 매일 하나님의 음성을 따른다는 것은 아주 새로운 경험이었다. 나는 하나님께 "어디든지"라고 말씀드렸고, 그렇게 끝까지 따르고 싶었다. 성경을 더 많이 읽고, 더 많이 기도하기 시작하면서 나는 기도가 서로 사랑하는 두 사람이 끊임없이 나누는 대화와 같다는 것을 알게 되었다. 또 하나님이 실제로 나에게 말씀하신다는 것도 – '구름을 가르는' 기묘한 방법이 아니라 그저 마음속 깊은 곳에서 들을 수 있도록 말씀하신다는 것도 – 알게 되었다.

어느 날 농구 연습을 마친 나는 주유소에서 아르바이트를 하기 위해 자전거를 타고 공영 주택 옆을 지나가고 있었다. 그때 내게 '아직 시간이 좀 있는데 저 아이들이랑 놀아주는 건 어떨까?'라는 생각이 들었다. 그래서 자전거를 멈추고 윌리Willie라는 초등학교 6학년짜리 소년이 공을 던지고 있는 농구 코트 쪽으로 걸어갔다. 그리고 윌리와 함께 농구를 하기 시작했고, 우리는 얼마 지나지 않아 손발이 잘 맞게 되었다. 윌리와 함께 운동하는 것이 너무나 즐거웠기 때문에 나는 계속 그 아이를 보러 갔다.

윌리의 어머니가 혼자 네 명의 아이들을 키우고 계시다는 것을 알게 되었다. 남자로서 긍정적인 영향을 미칠 수 있는 사람이 윌리 주위에는 아무도 없었다. 그래서 내가 윌리를 '동생'처럼 여기기로 결심했다. 윌리가 우리 학교로 와서 학생들과 같이 어울려 지내기도 하고, 우리가 연습을 마치면 우리와 함께 농구를 하거나, 때로는 시합에 함께 참가하기도 했다. 때로는 대기 선수로 선수석에(내가 많은 시간을 보냈던 곳) 앉아 있기도 했다. 나도 계속 윌리의 집에 들렀다.

그러나 내가 대학을 졸업한 후 윌리와의 관계가 끊어졌다. 나는 윌리가 고등학교에 들어가 아주 뛰어난 농구 선수가 되었다는 소식을 들었다. 그러나 그것이 내가 윌리에 관하여 들은 마지막 소식이었다. 그리고 몇 달 전 어느 날 사무실에서 "마이크 브로가 맞습니까?"라고 묻는 전화를 한 통 받게 되었다. 내가 그렇다고 대답하자 그 사람은 "농구를 하던 머리숱이 많고 깡말랐던 그 백인 멋쟁이?"라고 물었다.

"아직 백인 멋쟁이이긴 하지만, 나머지 세 가지는 다 지난 과

거가 되고 말았어요. 그런데 누구시죠?"라고 내가 물었다.

"윌리예요"라는 대답을 듣고 나는 재빨리 여러 가능성들을 생각해보았다. 윌리라고? 내가 윌리라는 사람을 알았던 적이 있었나? 내가 머뭇거리고 있는 사이 그가 "대학 다닐 때 만난 윌리예요"라고 말했다.

"농구공을 가지고 놀던 초등학교 6학년짜리, 그 윌리라고요?"라고 묻는 동안 지나간 기억들이 되살아났다.

"맞아요."

놀랍고 반가운 일이었다! 그러나 내가 그동안 어떻게 지냈는지를 묻자 이야기는 약간 심각해졌다. "산다는 게 만만치 않았어요. 술과 마약 중독에서 헤어나오지 못해 애를 먹었고 문제도 좀 있었어요. 지금은 다시 제자리를 찾았어요. 저를 교회에 데려가준 여자 친구를 만난 덕분이에요. 지난주에 교회에서 남자들을 위한 수련회가 있었는데 저도 갔었어요. 그리고 그 수련회 기간 동안 예수 그리스도께 제 삶을 드렸다는 것을 알려주고 싶어서 이렇게 전화한 거예요."

우리 두 사람은 하이파이브에 해당하는 환호를 주고받았다.

그리고 그는 이어 "몇 사람과 둥글게 모여 앉았는데, 그 사람들이 내게 어떻게 영적인 여행을 시작하게 되었느냐고 물었어요. 그래서 '우리 집에 들러 내 친구가 되어준 작고 마른 농구 선수가 있었다. 그 사람 이름은 마이크 브로였다. 그리고 그 사람이 내가 만난 첫 번째 그리스도인이었다'라고 말했어요. 그랬더니 그 사람들이 윌로우크릭 교회에서 목사로 일하고 있는 사람을 말하는 거냐고 물었어요"라고 말했다. 윌리는 그 사람들이 무슨 말을 하는지 몰랐다. 그도 내 소식을 전혀 모르고 있었기 때문이었다.

윌리에게는 나를 놀라게 할 또 다른 이야기가 있었다. "마이크, 이곳 블루밍턴으로 내려와서 내게 세례를 베풀어주면 어떨까라는 생각을 해봤는데, 괜찮겠어요?"

내가 달력을 바라보면서 그렇게 할 수 있을지를 확인해보았을 것이라 생각하는가? 전혀 아니다. 나는 그 자리에서 "물론이지! 언제?"라고 흥분해서 물었다.

윌리를 물 속에 넣었다가 다시 이끌어내, 그가 놀던 놀이터에 내 자전거를 처음 세운 이후 30년이 지난 지금 그를 다시 얼

싸안을 수 있다는 기대감으로 나를 떨게 했던 오싹한 전율은 말로 다 표현할 수가 없다! 나는 내 계획 속에 '윌리에게 세례를 줄 것'이라는 일정을 써넣은 적이 없었다. 다만 그 일은 우리가 전혀 꿈꾸지 못했던 방법으로 우리의 삶을 인도하시는 하나님의 음성을 단순하게 따랐던 두 사람으로 인해 비롯된 결과였다.

하나님은 우리가 항상 착한 일과 친절한 일과
옳은 일과 정직한 일과 용감한 일을 하도록 우리를 격려해주신다.

# Making Ripples

 # 매일 똑같은 삶을 산다는 것

나는 '똑같은' 삶을 살고 싶지 않다. 당신은 그렇게 살고 싶은가? 그렇게 산다는 것이 얼마나 허망한 것인지 우리는 잘 알고 있다. 나는 열정을 가지고 살고 싶다. 목적 의식을 가지고 치열하게 살아가고 싶다.

MAKING

RIPPLES

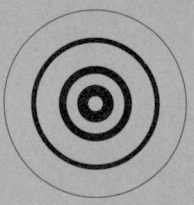

하나님의 격려에 반응하지 않을 때 우리는 모험할 기회를 놓치게 된다고 나는 생각한다. 그리고 너무나 많은 사람들이 그렇게 살아가고 있다. 반면에 하나님의 인도하심이라는 파장에 주파수를 맞춘다는 것은 우리가 상상할 수 있는 그 이상의 모험을 하게 된다는 것을 의미한다. 고향에 있는 대부분의 내 친구들은 지금 내가 하고 있는 일을 알게 되었을 때 모두 깜짝 놀랐다. 그들은 하나님의 은혜가 예전에 그들이 알았던 사람을 지금 그들이 알게 된 사람으로 바꿀 수 있다는 사실을 믿을 수 없어한다. 솔직히 나 자신도 믿기 힘든 일이다. 나는 가능하리라고는 꿈에도 생각하지 못했던 열정과 목적과 기쁨이 내 혈관 속에서 소용돌이치고 있다. 하나님은 사람을 변화시키신다!

그리고 많은 사람들이 그러한 변화를 간절히 바라고 있다. 나는 열정 없이 공허하고 따분하게 살아가는 많은 사람들을 만난다. 그리고 그런 사람들을 쉽게 알아본다. 왜냐하면 나도 그런 사람이었기 때문이다. 특히 남자들 가운데서 그런 사람들을 쉽게 알아볼 수 있다. 그들은 날마다 똑같은 삶을 살아가고 있다. 결코 달라지지 않을 '똑같은' 삶 말이다. 그런 삶이 어떤 것인지 잘 알 것이다.

  매일 같은 시간에 일어나 매일 똑같은 자명종 소리를 멈추게 하고, 매일 똑같은 화장실에 들어가 매일 똑같은 거울에 매일 똑같은 얼굴을 비춰보고, 늘 하던 대로 샤워를 한 후 매일 쓰는 똑같은 수건으로 몸을 닦고 매일 똑같은 옷을 입는다.

  그리고 언제나 똑같은 부엌으로 가서 매일 똑같은 그릇에 똑같은 시리얼을 부어 매일 똑같은 숟가락으로 떠먹고, 매일 똑같은 커피를 마시고 매일 똑같은 신문을 본 후 매일 똑같은 아내(남편)에게 입을 맞춘다. 매일 똑같은 차에 올라타 매일 똑같은 일을 하러 가기 위해 매일 똑같은 길로 차를 몬다. 그리고 매일 똑같은 책상에 앉아 매일 똑같은 상사가 매일 똑같은 방식으로 이야기하는, 매일 똑같은 농담에 웃음을 터뜨린다.

  매일 똑같은 시간에 퇴근을 하고 매일 똑같은 차를 타고 매일 똑같은 길로 차를 몰아 매일 똑같은 차고에 차를 세우고, 매일 똑같은 아이들을 안아주고 매일 똑같은 부엌으로 들어가 매일 똑같은 저녁 식사를 한다.

  그리고 마침내 매일 똑같은 거실로 들어가 매일 똑같은 안락 의자에 앉아 매일 똑같은 프로그램을 시청하고 매일 똑같은 의자에 앉아 졸다가 일어나 매일 똑같은 침대 속으로 들어가 매일 똑같은 아내(남편)에게 매일 똑같은 질문을 하고, 매일 똑같은 대답을 듣고 몸을 뒤척이다 매일 똑같은 자명종을 맞춰놓고 다음 날 아침 일어나 매일 똑같은 일을 또다시 반복한다.

많은 사람들이 그렇게 살아가고 있다. 그것이 그들의 삶이다!

나는 그런 '똑같은' 삶을 살고 싶지 않다. 당신은 그렇게 살고 싶은가? 그렇게 산다는 것이 얼마나 허망한 것인지 우리는 잘 알고 있다. 나는 열정을 가지고 살고 싶다. 목적 의식을 가지고 치열하게 살아가고 싶다. 나는 일을 하면서 돈을 벌고, 은퇴 연금을 마련해놓은 후 골프 카트를 사서 남은 생애 동안 기준 타수를 깨뜨리기 위해 노력하는 그런 삶을 살면서 시간을 보내고 싶지 않다. 나는 살아 있고 싶다! 〈브레이브 하트〉의 주인공 윌리엄 월러스는 "모든 사람은 죽는다. 정말로 사는 것처럼 사람은 아주 드물다"라고 말하지 않았던가?

# Making Ripples

다르게 살라,
바로 지금!

나는 지금 생각하는 삶을 살고 싶다. 지금 위험을 감수하는 삶을 살고 싶다. 내가 죽은 후에도 오랫동안 남을 중요한 일들을 지금 하며 살고 싶다.

MAKING RIPPLES

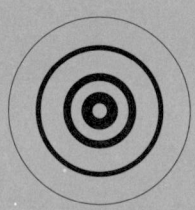

한 기관에서 아흔다섯 살 되신 할아버지와 할머니들을 모아 설문 조사를 했다고 한다. 그들은 노인들에게 "인생을 다시 시작할 수 있다면 어떻게 다르게 사실 것이라 생각하는가?"라는 질문을 했다. 그 분들이 어떤 대답을 했는지 짐작할 수 있겠는가? 첫 번째 대답은 "뭐라고? 잘 안 들려?"였다.

그러나 일단 질문을 이해하고나자 그 분들은 세 가지 구체적인 대답을 했다.

"우리가 인생을 다시 시작할 수 있다면 무엇보다 먼저 생각하는 시간을 많이 가질 거야. 좀 천천히 살면서 저녁 노을을 좀 더 맛보고, 아이스크림을 좀 더 먹고, 좀 더 웃으면서 살 거야. 삶을 좀 더 즐길 거야. 특별한 순간들에 좀 더 몰두할 거야. 일을 너무 빨리 그리고 너무 열심히 하지 않을 거야."

그리고 그 분들의 두 번째 대답은 "위험을 좀 더 무릅쓸 거야. 기회를 좀 더 만들 거야. 인생이 위험을 감수하지 않으면 열매를 맺을 수 없는 모험인 것처럼 그렇게 인생을 살 거야"였다. 그 대답은 어느 날 한 어르신이 내게 "여보게, 가장자리에서 살지 않으면 너무 많은 자리를 차지하게 될 걸세"라고 말했던 것과 같은 뜻이었다.

그리고 세 번째로 그 분들은 "다시 살 수 있다면 우리가 죽은 뒤에도 오랫동안 남을 중요한 일들을 할 거야"라고 대답했다.

당신은 어떨지 모르겠지만, 나는 이런 대답들을 하기 위해 아흔다섯 살이 될 때까지 기다리고 싶지 않다. 나는 지금 생각하는 삶을 살고 싶다. 지금 위험을 감수하는 삶을 살고 싶다. 내가 죽은 후에도 오랫동안 남을 중요한 일들을 지금 하며 살고 싶다.

나는 우리 모두가 중요한 일을 위해 - 누군가의 삶에 영향을 미치고 선한 일을 하기 위해 - 이 땅에 살고 있다는 사실을 마음속 깊은 곳에서 감지하고 있을 것이라 생각한다. 선하신 하나님이 우리의 DNA 속에 그 선량함을 넣으셨다. 다른 사람의 삶 속에 변화를 일으킬 수 있는 기회를 포착하는 사람들을 볼 때마다 나는 그들에게 생기가 도는 것을 보았다! "우리는 그의 만드신 바라 그리스도 예수 안에서 선한 일을 위하여 지으심을 받은 자니 이 일은 하나님이 전에 예비하사 우리로 그 가운데서 행하게 하려 하심이니라" 엡 2:10. 이 말씀을 기억하라. 그것이 바로 우리가 놀라운 삶을 살 수 있는 한 방법이다.

데비와 나에게는 목수인 두 아들이 있다. (맞다. 결국 나는 그 데비와 결혼했다!) 데릭<sup>Derrick</sup>과 드류<sup>Drew</sup>는 브로 형제 건설이라는 작은 회사를 설립했다. 우리 식구는 모두 세우고, 부수고, 약간의 개조를 통해 만들어낼 수 있는 것들을 마음속에 그려보길 좋아한다. 그러나 우리 아들들이 나와 다른 점이 있다면, 그들은 그 일을 아주 잘해낸다는 점이다! 둘은 아직 젊다(스무 살과 스물세 살). 그러나 둘 다 건설과 관련된 모든 일에 굉장한 소질이 있다. 그리고 다른 사람들을 동정하는 마음과 변화를 일으키기 위해 자신들의 기술을 사용하려는 깊은 열망이 그들 속에서 점점 자라고 있다.

몇 년 전 우리 세 사람은 하나님이 우리 마음속에 품게 하시는 사람들을 위해 '완벽 개조: 홈 에디션 그리고 당신이 집을 비운 동안'이라는 조합을 시작했다. 우리는 일 년에 한 가지 계획을 세워 추진하기로 했다. 그것은 하나님이 우리에게 많은 복을 주셨기 때문이었고, 또 우리의 도움을 받을 만한 믿음이 가는 가정을 돕는 것이 우리에게 생동감을 주었기 때문이었다. 우리는 누군가가 '선물 상자를 여는 것'을 보기 위해 값비싼 선물 교환을 미리 하는 것으로 생각하고, 성탄절 선물을 사기 위해 각자 모아두었던 돈을 출자하는 일부터 시작했다. 주는 것과 받는 것에 대해 예수님이 하신 말씀은 옳았다. 전자가 훨씬 더 즐거운 일이다.

그러나 우리가 마지막으로 했던 일은 우리의 능력이나 자원을 넘어서는 규모로 확대되었다. 일주일 후면 일을 마쳐야 하는데, 집 안에는 우리가 해야 할 일들이 넘쳐나고 있었다. 데릭은 내게 전화를 걸어 "우리가 생각했던 것보다 훨씬 더 많은 돈과 인력이 더 들어가게 될 것 같아요. 어떻게 하죠?"라고 물었다.

우리가 두 가지 결론을 내리기까지는 그리 오랜 시간이 걸리지 않았다. 그 가정은 정말로 도움이 필요했고, 하나님은 우리에게 그 도움을 주라고 요구하셨다. 사정이 더 악화되면 나는 그 일을 마무리 짓기 위해 담보 대출을 받기로 했다. 그러나 먼저 나는 아들들에게 "이 소식을 주위에 알리자. 그리고 어떤 일이 일어나는지 좀 지켜보자"라고 말했다.

그후 놀라운 일들이 벌어졌다. 사람들이 사방에서 찾아왔고, 필요한 자원들이 강물처럼 흘러 들어왔다. 한 주 동안 그 일을 돕기 위해 찾아온 사람들의 숫자가 100명을 넘었다. 그들은 우리가 하려고 계획하지 않았던 일까지 해주었다! 이웃들도 열심히 돕기 시작했다. 은퇴한 한 부부는 우리와 함께 하루에 14시간을 일했다. 회사의 최고 경영자들이 타일을 깔고 벽장에 페인트칠을 했다. 십대 아이들은 마당의 정원일을 맡아 했다. 매일 누군가가 점심을 준비해 날라다주었다. 한 사람은 "제가 모든 새 장비들을 사겠습니다"라고 말했다. 또 한 무리의 사람들이 침실에 들여놓을 가구들을 사겠다고 자원했다. 또 어떤 사람들은 주방용 조리대를 사겠다고 했다. 한 토건업자는 공짜로 집 전체의 벽에 들어갈 내장재를 갈아 끼워주었다. 그리고 그 사람의 친구는 이 일에 대한 소식을 듣고 다른 일을 하고 있던 자기 직원들을 데리고 와서 이틀만에 새 지붕을 얹어주었!

우리는 그저 부엌을 개조하고, 떨어진 판자들을 고정시키고, 양탄자를 새로 가는 정도만을 계획했었다. 그러나 결국 우리는 집 전체를 다 수리하고 개조하게 되었고, 더 이상 보수할 곳이 없게 되었다. 그리고도 3천 불 이상이 남았기 때문에 그 가정의 밀린 청구서를 지불할 수 있었다. 하나님은 사람들의 마음속에서 일하신다!

우리 아들들이 그 일을 지휘하는 모습을 보는 것은 내게 큰 즐거움이었다. 그리고 하나님이 공급해주시는 것을 목격하는 그들의 놀란 얼굴은 그보다 더 큰 즐거움이었다. 두 사람은 흥분을 감추지 못했다. 그들도 내가 전에 여러 번 보았던 것을 – 사람들이 하나님의 손에 들린 도구가 되어 그들의 삶에 변화가 일어날 때 그들이 얼마나 생기 발랄해질 수 있는지를 – 보았다. 그렇게 되면 '매일 똑같은' 삶이란 있을 수 없다.

# Making Ripples

 세상에 물 결을
일  으켜라

당신은 수영장에 들어가는 가장 좋은 방법을 아마 잘 알고 있을 것이다. 그건 바로 양 무릎을 껴안고 물 속으로 첨벙 뛰어드는 것이다! 도움닫기를 하면서 무릎을 들어올리고 물 속으로 뛰어내리면 물이 사방으로 튀어오른다! 물결이 일면서 퍼져나가 벽면에 부딪혔다가 다시 물결을 일으키며 되돌아온다.

M
A
K
I
N
G

R
I
P
P
L
E
S

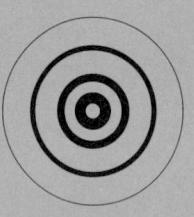

수영장에 들어갈 때 당신은 어떻게 들어가는지 궁금하다. 발을 먼저 담그는가? 엄지발가락을 먼저 들이밀며 들어가는가? "앗 차가워!" 그런 다음 발목을 담그면서 "으으으으 차가워!"라고 외치는가? 그리고 종아리를 밀어넣고 "으으으으 차가워", 무릎을 밀어넣고 "으으으으 차가워", 허벅지를 밀어넣고 "으으으으 차가워!"라고 외치는가? 그럼 정말 괴로울 것이다!

당신은 수영장에 들어가는 가장 좋은 방법을 아마 잘 알고 있을 것이다. 그건 바로 양 무릎을 껴안고 물 속으로 첨벙 뛰어드는 것이다! 도움닫기를 하면서 무릎을 들어올리고 물 속으로 뛰어내리면 물이 사방으로 튀어오른다! 물결이 일면서 퍼져나가 벽면에 부딪혔다가 다시 물결을 일으키며 되돌아온다. 물결이 퍼져나갔다가 다시 퍼져 들어온다. 덩치가 아주 큰 사람이라면 퍼져나갔다 다시 퍼져 들어오는 물결이 계속 반복될 것이다. 그리고 수영장 벽면이 없을 경우에는 처음 물 속에 뛰어들며 물을 튀게 한 뒤에도 오랫동안 물결이 계속 퍼져나갈 것이다.

나는 그것이 하나님이 우리를 위해 마음에 품고 계신 그림이라 생각한다. 하나님은 "나를 믿고 뛰어내려라! 네게 한 번밖에 주어지지 않는 삶으로 물을 튀게 하라. 그러면 우리가 함께 물결을 일으킬 수 있다. 다른 사람들의 삶에 영향을 미치는 삶을 살아가라. 그러면 그들이 또 다른 사람들에게 영향을 미치게 될 것이다. 그리고 그들이 또 다른 사람들에게 영향을 미치게 될 것이다. 그렇게 되면 네가 죽고 떠난 후에도 물결은 여전히 힘차게 퍼져나가게 될 것이다"라고 말씀하신다.

나는 내가 설교하고 가르치는 목사가 되리라고는 꿈에도 생각하지 못했다. 그리고 내가 라스베이거스에서 살게 될 것이라고도 생각한 적이 없다. 그런데 어느 날 진 어펠 Gene Appel이라는 사람으로부터 전화를 받았다. 그는 "우리 교회에서 새 교회를 개척하기로 했어요. 라스베이거스는 우리 나라에서 가장 빠르게 성장하고 있는 도시예요. 우리는 그 도시에 새로운 교회를 개척하고 싶어요. 왜냐하면 거기에는 교회가 없기 때문이지요. 그 일을 위해 기도해왔어요. 그리고 당신이 그 일을 할 수 있는 적임자라고 생각해요"라고 말했다.

"제가요?"라고 내가 되물었다. 나는 켄터키 출신이다. 그리고 그의 말은 논리적으로 잘 맞지 않는 것처럼 보였다. 나는 속으로 '라스베이거스 교회라는 말이 모순 어법처럼 들리지 않나?'라고 생각했다. 그리고는 내 상상력이 속도를 내기 시작했다. 현관 홀에 '십일조 기계'가 – 지렛대를 당겨 불에 타고 있는 나무 세 그루를 일렬로 세우려고 하는 기계가 – 있지 않을까? 찬송가 페이지를 알리기 위해 수영복을 입은 플래카드를 든 여자들이 강단 위를 가로질러 걸어가게 되지 않을까? 웨인 뉴턴*이 장로가 될 수도 있을까?

나는 내 그런 상상력을 자제하면서 아내와 함께 기도해보겠다고 – 실제로 그렇게 할 계획은 없었지만(난 그냥 솔직하게 말하는 것뿐이다. 당신이라도 아마 그렇게 말했을 것이다!) – 대답했다. 그러나 우리는 그 일에 대해 기도했을 뿐 아니라 몇 가지 사실을 확인해보기 위해 라스베이거스를 향해 서쪽으로 갔다. 우리는 하나님이 우리에게 익숙한 곳을 떠날 것을 – 기회를 살리고, 위험을 무릅쓰고, 그곳으로 가서 그 '죄악의 도시'에 교회를 개척할 것을 – 요구하시는 것처럼 느껴졌다.

그러나 우리는 그곳을 '죄악의 도시'라고 결코 부르지 않았다. 우리는 그곳을 은혜의 도시라고 불렀다. 왜냐하면 "죄가 더

---

\* 웨인 뉴턴(Wayne Newton): 라스베이거스 최고의 엔터테이너 겸 가수

한 곳에 은혜가 더욱 넘쳤나니" 롬 5:20라고 성경이 말하고 있기 때문이다. 그리고 우리는 하나님의 은혜가 상하고, 텅 비고, 곤경에 처한 온갖 사람들에게 뻗쳐 그들의 삶이 다시 회복될 수 있도록 도우시는 것을 보았다. 그것은 아마도 내 평생 가장 가슴 벅찬 경험이었을 것이다. 그 경험을 통해 나는 하나님의 은혜에 대해 내가 알고 있던 것보다 더 많은 것을 배웠고, 하나님의 사랑에서 벗어나 있는 사람은 아무도 없다는 것을 알게 되었다. 당신이 아무리 멀리 달아난다 해도 하나님은 그보다 더 멀리까지 달려가신다. 사람들을 향한 하나님의 사랑이 실제로 얼마나 높고 길고 넓고 깊은지를 내가 마침내 이해하기 시작한 것은 바로 라스베이거스에 있을 때였다. 그곳에서의 사역은 그 이후 내가 해야 할 사역을 명백하게 보여주는 경이로운 경험이었다.

내가 그곳에서 얼마나 많은 사람들에게 물결을 일으켰는지는 모르겠다. 그러나 제프Jeff라는 한 사람에게 물결을 일으킨 것에 대해서는 분명히 알고 있다. 우리는 둘 다 우리 교회가 장소를 빌려 예배를 드리고 있던 YMCA에서 길거리 농구 시합을 하고 있었다. 그런데 시합을 하다 말고 제프가 나를 잡아끌더니

"우리가 지금 농구를 하기 위해 여기 와 있다는 걸 알고 있지만, 목사님이 이곳에서 시작한 교회에 저도 가본 적이 있다는 걸 알려드리고 싶었어요. 상당히 좋았어요"라고 말했다. 그래서 나는 "고마워요. 좋았다니 기쁘네요"라고 대답했다.

그는 내게 잠시 이야기를 나눌 수 있는지 물었고, 그렇다고 하자마자 자신의 이야기를 털어놓기 시작했다. "제가 상당히 예리한 사람이라는 걸 미리 말씀드리는 게 좋을 것 같아요. 전 물리학 학위를 받았어요. 그리고 대학 다닐 때는 국가 대표 쿼터백이었어요. 지금은 사업을 하고 있고 돈도 많이 벌었지요. 그리고 훌륭한 가정도 이루었어요. 말하자면 모든 걸 다 가졌다고 할 수 있어요. 그런데 한 가지 문제가 있어요."

그는 자신이 오랫동안 도박을 해온 데다 술까지 많이 마셔 자신의 삶을 스스로 통제할 수 없다고 느끼고 있으며, 특히 도박 문제에 있어서 더욱 그렇다고 고백했다. "사실은 카지노에서 비디오 포커 기계에 계속 돈을 집어넣고 앉아 있으면서 아내에게는 매일 밤 늦게까지 일한다고 거짓말을 하고 있어요. 그런데 그것을 멈출 수가 없어요. 그저께 밤에는 제 차로 달려나가서 동전

들을 찾기 위해 미친 사람처럼 차 안을 뒤졌어요. 다시 돌아가 좀 더 게임을 하려고 했던 거죠. 정신 나간 짓이라는 걸 알아요! 제 삶과 거짓말이 모두 들통나게 될 것 같은 느낌이 들어요. 그런 불안한 기분을 느껴본 적 있으세요?" (나는 '나도 잘 알고 있어요'라고 생각했다.)

그는 이어 "교회에 앉아 있는 동안 하나님이 저를 도와주실 수 있을지도 모르겠다는 생각이 들었어요. 어쩌면 그것이 하나님의 응답인지도 모르겠어요"라고 말했다.

나는 그에게 "맞아요, 하나님이 도와주실 수 있어요. 하나님이 저도 도와주셨어요"라고 말했다.

제프와 나는 계속 만났다. 긴 이야기를 짧게 줄이자면, 그는 결국 내가 열아홉 살 때 했던 그 일을 하게 되었다. 그는 자신을 낮추었고, 예수 그리스도께 그의 삶을 인도해달라고 기도했다. 그리고 하나님이 제프의 삶을 180도 바꾸어놓으셨다. 술을 마시고 도박을 하고 싶은 마음을 제거해주셨고, 그의 훌륭한 성품과 인정 많은 마음에 잘 어울리는 자제심을 갖게 해주셨다. 지금 그는 헌신된 남편과 아버지이고, 내가 알고 있는 가장 친절하고 활

동적이며 열정적인 그리스도인이다.

그후 어느 날 밤 미주리 주 세인트루이스에 사는 한 어머니로부터 전화를 받게 되었다. (나는 그녀가 어떻게 우리 집 전화번호를 알게 되었는지 아직도 모른다.) 그녀는 "제게 스물한 살 된 게리Gary라는 아들이 있는데 그 아이가 술과 도박을 끊지 못하고 있어요. 게리가 라스베이거스로 갈 것 같아요. 그런데 목사님이 그곳에서 목회를 하신다는 소식을 들었어요. 그래서 저희 아들을 좀 부탁드리고 싶습니다"라고 말했다.

나는 '아들을 부탁하신다구요? 해마다 3천만 명이 라스베이스거스에 오는데, 어떻게 그 아이를 만날 수 있겠어요?' 라고 생각했다.

그러나 3천만 명 중 한 사람을 찾는 것도 하나님께는 전혀 어려운 일이 아니다. 하나님은 끈질기게 영혼을 찾으신다. 바로 그분이 게리를 쫓고 계셨다. 한 시간 후 그 어머니가 다시 전화를 걸어서 "게리가 라스베이거스에 있어요. 거기에 있는 작은 호텔 주차장에서 게리를 본 사람이 있어요. 그리고 지배인이라는 사람이 오늘 밤 게리가 그곳에 묵고 있다고 했어요. 제가 주

세상에 물결을 일으켜라

소를 가지고 있는데, 어떻게 좀 해줄 수 있으세요?"라고 말했다.

전화를 끊고 난 후 나는 뭘 어떻게 해야 할지 몰랐다. 그리고 다음 순간 "제프! 그래, 제프에게 전화를 걸어야겠다!"라고 생각했다. 제프가 전화를 받자마자 나는 "제프, 가서 좀 만나야 할 사람이 있어요. 스트립 뒤에 있는 작은 호텔에 있다니까 가서 그 사람을 만나주세요!"라고 말했다.

제프는 "알았어요, 그렇게 할게요"라고 말했다.

그 당시 우리는 새로 시작한 교회였고, 정해진 예배당이 없었기 때문에 주일 아침마다 6시에 의자들을 배치하면서 예배 준비를 해야 하는 상황이었다. 그래서 새벽 5시 30분에 제프는 그 작고 허름한 호텔 문을 두드렸다. 덩치가 큰 사람이 문을 와락 열었다. 약 190센티미터의 키에 몸무게가 115킬로그램에 달하는 게리가 문틀을 가득 메우고 섰다. 그는 졸린 눈으로 축 늘어진 모습이었고, 셔츠에는 토한 분비물이 묻어 있었다. 그리고 짜증 섞인 말투로 "뭐요?"라고 물었다.

제프는 물러서지 않았다. "내 이름은 제프예요. 그리고 다 알고 있어요. 어머니가 전화를 했어요. 한때 럭비를 했죠? 나도 럭비를 했어요. 술 문제, 도박 문제가 있죠? 나도 한때 술 문제, 도박 문제로 골치가 아팠어요. 어서 샤워하고 우리 교회에 같이 갑시다."

"뭐라고요?" 게리가 눈을 치켜뜨며 말했다.

그러나 제프는 박자를 늦추지 않았다. "아, 미안해요. 내가 말을 너무 빨리 했어요. 그리고 너무 일찍 와서 미안해요. 그런데 내가 새로 생긴 아주 훌륭한 교회에서 예배 준비를 맡고 있는 팀의 일원인데, 6시까지 교회에 가서 의자 정리를 해야 해요. 그리고 당신은 건장하니까 우리를 잘 도와줄 수 있을 거예요. 자, 어서 샤워하고 그 일에 대해서는 가면서 차에서 이야기합시다."

게리는 어리벙벙하게 서 있다가 엉겁결에 "알았어요"라고 말했다.

그리고 샤워를 마친 다음, 처음 만나는 사람과 같이 차를 타고 우리 교회가 예배를 드리기 위해 모이는 고등학교로 갔다. 그는 우리가 의자 정리하는 것을 도왔고, 예배에도 참석했다. 그날 내가 열아홉 살 때 그랬고, 제프가 서른세 살에 그랬던 것처럼 게리도 그의 삶을 예수 그리스도께 맡겼다. 그리고 하나님이 그

"나를 믿고 뛰어내려라! 네게 한 번밖에 주어지지 않는 삶으로 물을 튀게 하라. 그러면 우리가 함께 물결을 일으킬 수 있다. 다른 사람들의 삶에 영향을 미치는 삶을 살아가라. 그러면 그들이 또 다른 사람들에게 영향을 미치게 될 것이다. 그리고 그들이 또 다른 사람들에게 영향을 미치게 될 것이다. 그렇게 되면 네가 죽고 떠난 후에도 물결은 여전히 힘차게 퍼져나가게 될 것이다."

를 완전히 바꾸어놓으셨다! 내가 라스베이거스를 떠날 때 제프는 여전히 게리에게 물결을 일으키고 있었고, 게리는 크리스Chris라는 사람에게 그리고 크리스는 다넬Danell이라는 사람에게 물결을 일으키고 있었다. 바로 그런 것이다! 한 사람의 삶이 다른 사람의 삶에 영향을 미치고, 그 영향을 받은 사람이 또 다른 사람에게 영향을 미치면서 계속 물결이 번져가는 것이다. 그리고 그 물결은 당신이 처음 물을 튀게 한 이후에도 오랫동안 계속 이어질 것이다.

라스베이거스를 기억할 때 나는 또 내가 이 책에서 리아Leah라고 부르게 될 한 여성을 생각하게 된다. 우리가 교회를 시작했던 YMCA에서 내가 그녀를 처음 만났을 때 그녀는 울고 있었다. 세상적인 기준으로 볼 때 리아는 매력적인 외모를 지니고 있었다. 그러나 나는 눈물에 젖은 그녀의 눈 속에서 공허감과 절망감을 볼 수 있었다. 그녀는 흐느끼며 "전 교회를 다녀본 적이 없어요. 모든 것이 제게는 다 낯설어요. 제가 왜 여기서 목사님과 이야기하고 있는지조차도 모르겠어요. 그리고 이렇게 해도 되는 건지도 모르겠구요. 하지만 저는 지금 곤경에 처해 있어요.

저는 전에 낙태를 하려고 했어요. 그런데 사람들이 말렸어요. 결국 지금 그 아이를 낳아 키우고 있는데, 아이가 절 싫어해요!"라고 말했다.

그녀는 이어 자신은 어떻게 해야 좋은 어머니가 될 수 있는지를 보여주는 실제 본보기를 본 적이 없는 미혼모라고 했다(그녀의 어머니는 결혼을 5번이나 했다). "어떻게 해야 할지 도무지 감을 잡을 수가 없어요. 뭘 어떻게 해야 할지 모르겠어요. 아이는 배가 아프다면서 늘 울어요. 제가 어떻게 해야 하나요?"

나는 "사실 저도 그 문제는 잘 모르겠어요. 그렇지만 제 아내 데비는 잘 알고 있을 거예요. 잠깐 기다리세요"라고 말했다.

나는 아내를 찾아 간단하게 설명한 다음, 아내에게 리아를 맡겼다. 두 사람은 앉아서 이야기를 나누었고, 두 사람의 이야기가 끝날 때쯤 아내가 리아를 저녁 식사에 초대했다. 그리고 그후 일 년 동안 리아와 그녀의 어린 아들은 매주 예배를 마친 후 우리 집으로 와서 우리와 함께 저녁을 먹었다.

리아의 직업은 시저스 팰리스 호텔 클럽의 '술의 여신'이었다. 그녀는 클레오파트라가 입었던 것과 같은 매혹적인 의상을 입었고, 그녀의 아름다운 외모 때문에 그녀는 상당히 많은 수입을 올리고 있었다. 아내는 리아를 사랑했다. 리아에게 좋은 조언자가 되어주었고, 그녀가 좋은 어머니가 될 수 있도록 도와주었다. 달라지는 리아의 모습을 지켜보는 것은 정말 행복한 일이었다. 그리고 하나님이 서서히 그녀를 변화시켜가시는 과정은 흥미롭고 즐거운 일이었다. 하나님을 향한 리아의 사랑이 더 커질수록 그녀는 노출 많은 자신의 의상에 점점 더 많은 첫을 덧대어 달았다.

어느 날 밤 리아가 이렇게 물었다. "우리 아들이 첫 번째 생일을 맞이하게 되었어요. 이 아이를 통해 제게 베푸신 하나님의 은혜에 감사하고 있어요. 그래서 축하하는 생일 파티를 하려고 해요. 친구들을 초대하고 싶은데 제가 사는 아파트가 좀 작아요. 그래서 목사님 댁에서 파티를 열면 어떨까 하는데 괜찮으시겠어요?"

"물론이에요. 그렇게 하세요." 나는 흔쾌히 약속했다. 리아는 내게 사진을 찍어줄 수 있는지 물었고, 나는 그 일도 맡기로 했다.

생일날 저녁이 되었고, 오후 7시에 현관 벨 소리가 울리기 시작했다. 그리고 시저스 팰리스의 '술의 여신'들이 모두 들어왔다! 리아의 친구들이 우리 집 거실에 모였고, 나는 사진을 찍으면서 "하나님, 제가 '어디든지'라고 말씀드렸을 때 그 어디든지가 술의 여신들로 가득 찬 라스베이거스의 우리 집 거실이 되리라고는 생각하지 못했습니다"라고 고백했다.

인생은 초콜릿 상자와 같다. 그 속에서 어떤 것을 고르게 될지 아무도 알 수 없다. 그렇지 않은가?

마침내 리아가 그리스도께 그녀의 삶을 드렸다. 창조주 하나님의 손에 자신의 삶을 맡겼다. 그리고 몇 년이 지난 지금 그녀는 그녀의 어린 두 아들이 하나님을 사랑하도록 키우며 훌륭한 어머니로 살아가고 있다. 그녀는 그날 밤 생일 파티에 참석했던 리사 Lisa에게 물결을 일으켰고, 리사는 지금 많은 다른 여성들에게 물결을 일으키고 있다. 실제로 시저스 팰리스에서 파견된 한 무리의 사람들이 우리 교회 안에 함께 앉아 하나님의 사랑과 은혜와 기적을 받아들이게 되었다.

내가 라스베이거스를 떠나기 바로 전에 그들은 내게 이렇게 말했다. "클럽에서 벨리 댄스를 추는 무용수를 저희가 돕고 있어요. 지금 힘든 일을 겪고 있는데 예수님께로 인도하려고 노력하는 중이에요." 바로 그런 것이다. 한 사람의 삶이 다른 사람의 삶에 영향을 미치고, 그 영향을 받은 사람이 또 다른 사람에게 영향을 미치면서 계속 물결이 이어져간다.

물결 하면 또 켄터키에 살고 있는 내 친한 친구 헤럴드<sup>Harold</sup>가 생각난다. 그는 이 지구 위에서 내가 가장 좋아하는 사람 가운데 하나다. 그는 또 내가 알고 있는 가장 허물없는 시골 남부 사람이다. 헤럴드가 고단수로 머리를 쓰며 게임에 몰두하다 "장군!"이라고 외치는 소리를 결코 들을 수 없을 것이다. 그는 그저 가슴이 후련하고, 투박하며, 편안하게 이야기하는 변화된 가난한 남부의 노동자인 것을 감사하는 그런 사람이다!

내가 처음 헤럴드를 만났을 때 그는 내게 "목사님, 그 죄악의 도시에서 살면서 아마 좋지 않은 일을 하는 사람들을 많이 보셨을 거예요. 그런데 저와 같은 일을 한 사람은 아마 만나보시지 못했을 겁니다"라고 말했다. 그리고 그것은 틀린 말이 아니었다. 그는 자신의 야비하고, 파괴적이며, 어두웠던 과거를 쏟아놓기 시작했다. 거들먹거리려는 것이 아니었다. 그런 이야기를 내게 할 수 있다는 것을 자랑스럽게 여기는 것도 아니었다. 그는 깨지고 상해 있었다. 그저 '아무래도 괜찮은' 존재로 떠돌아다니는 것에 지쳐 있었다. 그에게는 그를 고쳐줄 하나님이 필요했다. 그는 살고 싶었다.

헤럴드는 하나님 앞에서 자신을 겸손하게 낮추고 하나님의 손에 자신의 삶을 맡겼다. 그리고 물결을 일으키기 시작했다. 그는 계속 물 속으로 뛰어들며 물결을 일으켰다! 나는 그가 얼마나 많은 사람들에게 영향을 미쳤는지 그리고 지금도 미치고 있는지를 다 말할 수 없다. 그는 많이 용서받은 사람이 많이 사랑한다고 하신 눅 7:47 예수님의 말씀을 보여주는 살아 있는 본보기다. 그는 내가 아는 가장 감사하는 사람들 가운데 하나이고, 그의 그 감사가 사람들에게 여전히 영향을 미치고 있다.

나는 어느 날 교회에서 헤럴드가 속해 있던 소그룹 사람들을 무대로 나오게 해 의자에 일렬로 앉게 한 다음 인터뷰하는 시간을 가졌다. 헤럴드가 자신의 소개를 한 후, 나는 그에게 "어떻게 새로운 인생을 시작하게 되었어요?"라고 물었다. 그는 자기 그

룹에 속한 한 사람을 가리키며 "저기 스티븐 Steven 덕분이었어요. 스티븐은 이 교회에 대해 그리고 나를 도와주실 수 있는 위대하신 하나님에 대해 이야기해준 사람들 가운데 한 사람이었어요"라고 말했다.

나는 "아 그랬군요"라고 말하며 헤럴드 옆에 앉아 있던 루크 Luke에게 물었다. "어떻게 새로운 삶을 살게 되었습니까?" 그는 "헤럴드 덕분이었어요. 헤럴드와 나는 같이 낚시를 즐기는 오래된 친구예요. 사실 우리는 마약도 같이 했었습니다. 하지만 지금은 같이 성경을 공부하고 있지요. 저도 놀라울 뿐입니다"라고 말했다.

나는 "정말 놀랍습니다!"라고 대답한 후 그 옆에 있던 사람에게 "어떻게 이 새로운 길을 걷게 되었어요?"라고 물었다. 그는 "루크 덕분이었어요"라고 대답했다. 그리고 그들의 대답은 그렇게 마지막 사람까지 계속 이어졌다. 한 사람이 다른 사람에게 영향을 미쳤고, 그 영향을 받은 사람이 또 다른 사람에게 영향을 미쳤다! 그들의 이야기는 모두 삶에 관한 것이었다. 영향을 미치고, 또 영향을 미치고, 또 영향을 미치는 삶에 관한 이야기였다.

내니 ^Nany^ 이야기를 하지 않고 물결에 대해 말한다는 것은 내게 불가능한 일이다. 내니는 103세의 나이로 세상을 떠난 할머니다. 할머니는 훌륭한 자극제였다! 돌아가시는 날까지 경쾌하셨고, 익살스러우셨으며, 총명하셨다.

"104세가 되셔서 가장 좋은 것은 무엇입니까?"라는 질문에 대한 어느 할머니의 대답에 나는 깊이 동감한다. 할머니는 "또래들의 압력이 없는 것!"이라고 대답하셨다. 내가 104세에 했을 그 말을 듣고 나는 무척 흥분했다. 내니 할머니는 "백 살이 되면 안 익은 바나나는 사지 마!"(한번 생각해보라)라며 익살을 부리셨다. 그리고 103세가 되시자 할머니는 "이제 103살이지"라고 말하시더니 집에서 늘 입고 계시는 작은 면 실내복의 소매를 걷어올린 다음 팔에 차고 있던 시계를 들여다보셨다. 그리고는 "우리 어머니와 언니들이 천국에 서서 '도대체 내니는 어디 있는 거지? 지금쯤은 여기 와 있어야 하는데. 설마 다른 곳으로 간 것은 아니겠지?'라고 궁금해하고 있을 거야"라고 말하셨다. 할머니는 참 각별한 분이셨다.

할머니의 100번째 생일을 축하하던 날 나는 의자에 앉아, 그 작고 순진하고 아름다운 주름살을 가진 여인에게 감사를 표하기 위해 그녀의 작은 시골집을 찾아온 백여 명의 사람들과 일일이 인사를 나누시는 할머니를 지켜보았다. 할머니는 운전을 배운 적도 없었고, 대학을 다녀본 적도 없었다. 자랑할 만한 돈을 가져본 적도 없었고, 신문지상에 할머니의 이름이 거론된 적도 없었다(할머니가 100세 된 날을 제외하고는). 할머니는 여섯 딸을 키운 작은 집에서 마지막 40년을 과부로 사셨다. 그것이 할머니가 쌓으신 명성의 전부였다.

그러나 할머니는 일찍이 자신을 하나님의 손에 맡기기로 결정하셨고, 자신의 삶과 사랑과 믿음을 그 여섯 딸들에게 쏟아부으셨다. 그리고 그 여섯 딸들이 무엇을 했는지 아는가? 그들은 그들의 삶과 사랑과 믿음을 셋 또는 넷씩 되는 그들의 자녀들에게 쏟아부었다. 그리고 그들의 자녀들도 그들의 삶과 사랑과 믿음을 그들의 셋 또는 넷씩 되는 자녀들에게 쏟아부었다. 그리고 그날 그들 모두가, 할머니를 만난 적이 없는 많은 사람들까지도 "할머니가 제게 미친 영향에 감사를 드립니다"라고 말하기 위해 할머니의 집을 찾아왔다.

할머니의 이야기 중에서 내게 가장 멋진 부분은 할머니가 키운 딸들 중에 몰리$^{Molly}$라는 딸이 있었고, 몰리에게는 내 삶을 변화시킨 놀랍도록 귀여운 딸 데비가 있었다는 사실이다. 이야기가 어떻게 돌아가는지 이제 알겠는가?

# Making Ripples

 퍼져나가는
물　결

정말 사는 것처럼 살고 싶은가? 지금 그 선택을 할 수 있다. 하나님의 손에 당신의 삶을 맡기라. 하나님이 당신의 삶을 목적과 방향과 열정과 의미로 가득 채워주시는 것을 보게 될 것이다.

M
A
K
I
N
G

R
I
P
P
L
E
S

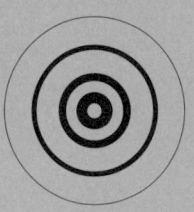

데비와 나에게는 조디 ^Jodi^라는 딸이 있고, 조디에게는 어린 두 딸이 있다. 조디가 두 딸과 함께 지내는 것을 지켜보면서, 내니 할머니가 딸들에게 하셨던 것처럼 조디가 그 두 딸의 삶에 변화를 일으키게 되리라는 것을 기대할 수 있는 것은 참 멋진 일이다! 그리고 그것은 조디가 고등학교 2학년 때를 돌아보면 특히 더 기쁜 일이다.

그때는 조디가 하나님을 놓치고 있는 것처럼 보였던 – 혹은 아주 다른 방법으로 하나님을 찾으려고 노력하고 있었을 수도 있었던 – 그런 때였다. 조디는 한동안 방황했고, 상당히 염려스러운 일들이 벌어지고 있었다. 이 책을 읽고 있는 모든 부모에게 말하자면, 당신은 부모로서 자녀에게 당신이 할 수 있는 최선을 다할 수 있을 것이다. 그러나 당신의 자녀들은 여전히 자유 의지를 가진 개인들이다. 그리고 그들은 자신의 삶에 대한 선택을 한다. 당신은 자녀들에게 무조건적인 사랑을 아낌없이 베풀어주고, 자녀들을 위해 훌륭하고 아름다운 경계들을 설정할 수 있다. 그러나 자녀들은 여전히 당신에게 거짓말을 하고, 그들이 하리라고는 당신이 상상도 하지 못했던 일들을 할 수 있다. 그것이

퍼져나가는 물결

현실이다.

조디가 방황하던 그 해에 우리는 종종 "하나님, 조디는 하나님의 자녀입니다. 저희는 그 아이의 부모로서 저희가 할 수 있는 최선을 다할 것입니다. 그러나 저희가 조디와 언제나 함께할 수는 없습니다. 저희는 할 수 없지만 하나님은 하실 수 있습니다"라고 기도하지 않을 수 없었다. 우리는 두 가지를 위해 기도했다. 하나는 조디가 경건한 분별력을 가지게 되는 것이었고, 다른 하나는 거짓말에 서툰 사람이 되는 것이었다. 그리고 조디는 그렇게 되었다.

조디의 삶이(내가 알고 있는 열아홉 살짜리 소년의 삶처럼) 드러나기 시작했다. 조디는 누구에게 어떤 거짓말을 했는지, 또는 자기가 한 일을 알고 있는 사람이 누구인지 그리고 그 일을 할 때 자신이 어디에 있었는지를 기억할 수 없었다. 결국 이중적인 삶을 사는 데 지친 조디는 자신을 낮추었다. 두 팔을 하늘로 들어올리고 하나님의 용서와 사랑스러운 인도하심에 자신의 삶을 맡기고 항복했다. 그리고 지금 조디는 감탄할 만한 숙녀가 되었다.

고등학교를 졸업하면서 조디는 이렇게 말했다. "가치 있는 삶을 살고 싶어요. 곧바로 대학에 가고 싶지 않아요." 그리고 몇 년 전 우리 가족이 하이티로 단기 선교 여행을 다녀왔던 일을 상기시키며 "다시 하이티로 가서 일 년 동안 그곳에 있는 의료 선교 단체에서 고아들과 가난한 사람들을 위해 일하고 싶어요"라고 말했다.

나는 "조디, 하이티가 서반구에서 가장 가난한 나라라는 것은 너도 알지? 에이즈가 만연하고 부두교가 성행하는 나라야. 그런 곳에서 살고 싶어?"라고 물었다.

조디는 "그 아이들이 정말 사랑스러워요. 하나님이 제게 그 일을 하면서 일 년을 보내기 원하신다는 생각이 들어요"라고 대답했다.

나는 "그래, 하나님이 그 일을 하도록 격려하신다고 네가 생각한다면, 우리도 너와 함께 기뻐할 수 있어"라고 말했다.

사실 '기쁨'이라는 단어는 그리 적합한 말이 아니었다. 왜냐하면 딸을 비행장으로 들여보내며 "조디, 잘 다녀와"라고 말하는 것이 이제껏 내가 세상에서 가장 하기 힘들었던 일 가운데 하나였기 때문이다. 나는 공항 주차장으로 나가 예민한 감성을 가진 사람처럼 울었다. 나는 2년 전에 기도했던 것처럼 "하나님, 조디는 하나님의 자녀입니다"라고 기도했다.

조디는 의사 소통하기가 상당히 어려운 섬의 한쪽 외진 곳에 파견되었다. 그 해 아내와 내가 가장 좋아했던 말은 "편지가 도착했습니다!"였다. 왜냐하면 이메일이 우리가 조디와 연락을 주고받을 수 있는 유일한 방법이었기 때문이었다.

어느 날 밤 우리는 조디로부터 다음과 같은 내용의 이메일을 받았다.

엄마, 아빠, 오늘 밤은 제 생애 가장 놀라운 밤이었어요. 어떤 사람이 한밤중에 저를 찾아와서 해산하는 걸 도와달라고 했어요. 그래서 작은 오두막으로 갔는데, 거기 흙마루 위에 임신한 여자가 옷을 벗은 채 비명을 지르고 있었어요. 그 사람들이 저를 부른 것은 전에 제가 간호사와 함께 있는 것을 보고 저를 간호사로 생각했기 때문이었어요. 그런데 아시다시피 전 아기를 어떻게 받아야 하는지 모르잖아요. 그냥 한 번 옆에서 도와준 게 전부였어요. 저는 그 오두막에서 '제삼 세계의 밀림 한가운데 열아홉 살인 내가 손전등을 들고 흙마루에 누워 옷을 벗은 채 비명을 지르고 있는 임신한 여자와 단둘이 있다. 그리고 곧 아기를 받아내야 한다. 도대체 내가 여기서 무슨 짓을 하고 있는 것인가?' 라고 생각하고 있었어요.

그런데 설상가상으로 어떤 사람이 오두막으로 들어왔어요. 그녀는 파란색과 붉은색으로 된 부두교 마법사의 옷을 입고 있었어요. 그녀는 주문을 외우기 시작했어요. 그리고 임신한 여자와 제 주위를 돌더니 임신한 여자의 복부에 기름을 바르기 위해 멈추었어요. 그러더니 다시 제 주위를 돌면서 크리올 말로 계속 주문을 외웠어요. 그리고 해산할 여자의 머리맡에 가서 멈추더니 그녀의 머리에 기름을 바르고 그 자리에 서서 주문을 외우면서, 이제껏 제가 본 가장 매서운 눈초리로 저를 노려봤어요.

아기를 분만시킬 준비를 하면서 저는 '나는 열아홉 살밖에 안 됐고, 집에서 수천 킬로미터 떨어진 제삼 세계에 와 있다. 나는 흙마루 위에서 옷을 벗은 채 비명을 지르고 있는 임신한 여자와 함께 오두막에 있다. 나는 손전등을 들고 있고, 이 부두교 여자는 나를 빤히 노려보고 있다!'라고 생각했어요.

정말 어떻게 해야 할지 몰랐어요. 그리고 그녀를 돌아보았어요. 그때 그녀가 영어를 이해하지 못한다는 것을 알고 있었지만 노래를 부르기 시작했어요. "우리 하나님은 놀라우신 하나님이라. 하늘에서 지혜와 능력과 사랑으로 다스리시네. 우리 하나님은 놀라우신 하나님이라." 그러자 그 부두교 여자가 자기 물건들을 다 챙겨들고는 오두막을 뛰쳐나갔어요.

그때 전 그 갓난아기가 사탄의 저주 속에서가 아니라, 하나님의 은총을 덧입고 태어날 것이라는 사실을 알 수 있었어요.


나는 그 이메일을 읽으며 조디 아버지의 입장에서 이렇게 생각했다. '조디, 너 그 오두막에서 부두교 여자와 무슨 일을 하고 있는 거야? 내일 당장 비행기 타고 집으로 돌아와! 널 위해 피자와 아이스크림과 강아지들과 폭신폭신한 베개들을 준비해놓을 테니. 어서 집으로 와!'

그러나 한숨 돌린 후 나는 이렇게 되뇌였다. "바로 그거야,

조디! 그렇게 물결을 일으키는 거야!"

그 갓난아기가 자라 어떤 사람이 될지, 그리고 그 아기가 누구의 삶에 영향을 미치게 될지, 그 영향을 받은 사람이 또 누구의 삶에 영향을 미치게 될지 누가 알겠는가? 그 모든 것은 한 용감한 열아홉 살짜리 소녀가 "나는 바람 부는 대로 떠다니는 깃털처럼 그냥 아무렇게나 사는 것에 지쳤어요. 내 삶을 하나님의 손에 맡기고 싶어요. 물결을 일으키는 삶을 살고 싶어요"라고 말했기 때문에 일어날 수 있었다.

예수님은 말씀하셨다. "누구든지 나와 복음을 위하여 자기 목숨을 잃으면 구원하리라" 막 8:35.

정말 사는 것처럼 살고 싶은가? 지금 그 선택을 할 수 있다. 책을 덮은 뒤 이 책을 책장이나 쓰레기통에 던진 다음, 바람 부는 대로 떠다니는 깃털처럼 아무렇게나 떠도는 삶을 살기로 - 원한다면 평생 그렇게 살기로 - 선택할 수도 있다. 아니면 사랑하시는 하나님의 손에 당신의 삶을 맡기고, 하나님이 당신의 삶을 목적과 방향과 열정과 의미로 가득 채워주시는 것을 보게 될 수도 있다. 하나님은 말씀하신다. "내가 너를 지었다. 나는 너를 사랑한다. 너를 위한 나의 계획은 네가 상상만 할 수 있었던 그런 소망과 미래를 네게 주는 것이다. 오라. 그리고 내가 네 삶을 인도하게 하라. 우리가 함께 큰 물결을 일으키게 될 것이다!"

이것이 내가 이 책에서 말해야 할 전부다.

MAKING RIPPLES

## 세상에 물결을 일으켜라

**1쇄 인쇄** / 2009년 3월 20일
**1쇄 발행** / 2009년 3월 30일

**지은이** / 마이크 브로
**옮긴이** / 마영례
**펴낸곳** / 주)도서출판 디모데 〈파이디온 선교회 출판 사역 기관〉

**등록** / 2005년 6월 16일 제319-2005-24호
**주소** / 서울 강남구 개포동 1164-21 파이디온 빌딩 6층
**전화** / 영업부 02)574-2630
**팩스** / 영업부 02)574-2631
**홈페이지** / www.timothybook.com

**값** 7,500원
ISBN 978-89-388-1416-6
Copyright ⓒ주)도서출판 디모데 2009 〈Printed in Korea〉

| 어두운 세상을 밝히는 빛과 소망, 디모데의 추천 도서 |

# 당신의 영혼에 내민 따뜻한 손 격려
"사랑하는 당신, 힘내세요!"

당신은 지금 격려가 필요한가? 구원의 손길이 언제 올 것인지가 아니라, 그것이 있기나 한 것인지를 의심하고 있는가? 그렇다면 이 책은 당신을 위한 것이다. 하나님은 당신을 지켜보시고 돌보신다. 무엇보다도 당신 때문에 마음이 움직이신다. 더 이상 혼자 힘으로 시련을 이겨내느라 시간 낭비하지 말고, 도망치지도 말라. 하나님께로 달려가 그분의 능력을 받으라. 지치고 낙심한 친구여, 힘을 내라! 하나님보다 더 깊은 웅덩이는 없으며, 하나님의 진리의 빛이 꿰뚫지 못하는 어둠의 골짜기는 없다.

**찰스 스윈돌 지음 | 박혜경 옮김 | 198쪽 | 11,000원**

# 훈련 그리고 기쁜 복종
「전능자의 그늘」엘리자베스 엘리엇이 말하는 당신을 향한 하나님의 특별한 부르심!

그리스도인의 훈련은 인생의 어느 한 부분, 하나의 사건에서 끝날 수 있는 것이 아니다. 엘리자베스 엘리엇은 우리가 성령님의 인도하심을 받고, 순종하며 살겠다고 고백한 순간부터 눈을 감는 순간까지의 모든 과정이 하나님의 훈련이라고 말하며, 일상 가운데 부르시는 하나님의 특별한 음성을 들을 수 있는 방법을 차분하고도 강직한 어조로 설명해준다. 하나님의 부르심에 귀를 귀울이라. 그리고 당신에게 주어진 '육체, 소유, 마음, 일, 지위, 감정, 시간' 의 주인을 바로 알고, 그분의 뜻대로 사용하기 시작하라!

**엘리자베스 엘리엇 지음 | 김희수 옮김 | 228쪽 | 10,000원**

## 하나님의 인생 레슨

삶은 우리에게 시련을 주지만, 하나님은 우리에게 레슨을 주신다!

스트레스, 실패, 슬럼프, 낙심, 외로움에 몸부림치고 있는가? 우리를 둘러싼 인생의 문제들로부터 영원히 자유를 얻는 길은 진리 위에 기초한 삶을 사는 것이다. 극복할 수 없는 인생의 문제는 없다. 우주보다 광대하신 지혜와 능력의 하나님이 당신에게 대답하신다. 삶의 어떤 문제라도 가지고 나아오라. 결코 좌절하지 말라. 하나님은 당신이 겪고 있는 어떤 문제보다 더 큰 분이시다. 하나님이 당신의 삶을 더 아름답게 만드실 수 있다는 것을 믿으라. 그분은 인생의 가장 어려운 문제들에 대한 해답을 알고 계시다.

릭 워렌 지음 | 김창동 옮김 | 248쪽 | 10,000원

## 목적이 이끄는 삶으로 떠나는 마음 여행

새로운 삶에 도전하는 이들을 위한 릭 워렌의 팡세

이 책은 이 시대를 책임져야 할 젊은이들에게 릭 워렌이 들려주는 삶의 목적에 대한 묵상으로의 초대다. 전 세계 수백만 그리스도인들에게 놀라운 반향을 일으킨 「목적이 이끄는 삶」의 핵심 내용을 성경 구절로 풀어 삶의 참된 목적과 가치에 대해 생각해볼 수 있도록 인도한다. 삶의 진정한 의미와 가치를 추구하는 모든 이들에게 릭 워렌은 하나님의 말씀 가운데 분명히 나타난 놀라운 사실을 선포한다. 당신의 삶은 우연이 아니며 하나님은 당신을 위한 위대하고 놀라운 계획들을 갖고 계시다는 것을!

릭 워렌 지음 | 김진선 옮김 | 180쪽 | 9,000원